AF509774

BÉNÉDICTION

DE

L'ÉGLISE SAINT-MAUR

DE LUNÉVILLE,

LE 23 NOVEMBRE 1854.

NANCY,

IMPRIMERIE-LIBRAIRIE DE VAGNER,

RUE DU MANÉGE, 3.

Offert

Par M. l'abbé Trouillet,

En témoignage de reconnaissance.

L'ÉGLISE
SAINT-MAUR DE LUNÉVILLE.

ARTICLE EXTRAIT DE *L'ESPÉRANCE*, *COURRIER DE NANCY*,
DU 19 NOVEMBRE 1854.

C'est enfin jeudi prochain, 23 novembre (1), que va être dédiée au culte catholique la nouvelle paroisse Saint-Maur, élevée dans le principal faubourg de Lunéville, par les soins de M. l'abbé Trouillet, son curé, d'après les plans de M. Aymar Verdier, architecte du gouvernement, et à l'aide des pieuses largesses des fidèles.

Il n'est personne dans notre pays qui ne connaisse le zèle et la charité évangélique de M. l'abbé Trouillet, qui ne sache au prix de combien de fatigues, de voyages, de pérégrinations, de refus, de demandes, de sollicitations et de peines de tout genre, M. Trouillet est parvenu à élever, dans un des quartiers les plus populeux de Lunéville, cette nouvelle église

(1) A neuf heures du matin. — L'église cette fois sera seulement bénite ; la cérémonie de la consécration est remise à l'été prochain, quand tous les travaux de détail seront terminés.

rendue si nécessaire par la longueur du faubourg au milieu duquel elle est située, par l'éloignement de l'église-mère qui en résultait pour les habitants de ce faubourg, et par l'insuffisance évidente d'une église unique pour une population de 16 à 17,000 âmes, comme l'est celle de Lunéville. C'est pendant les longues et laborieuses années de son vicariat, que M. Trouillet avait pu voir la nécessité de donner, à ce quartier déshérité jusque-là, un centre de lumière, de moralisation et de sanctification, une église enfin où les habitants de ce faubourg, pour la plupart pauvres et ouvriers, pussent voir se rompre pour eux le pain de la parole divine, se rapprocher de leur Dieu et jouir de la présence au milieu d'eux d'un pasteur, d'un père attentif à tous leurs besoins, et leur donnant en même temps l'instruction et les consolations religieuses, et le pain qui nourrit les corps : car qui ignore que partout où se plante le drapeau de la foi les pauvres sont soulagés, des centres de charité chrétienne se fondent, se propagent et forment autour de l'Eglise comme une ceinture et une auréole de bienfaits?

M. Trouillet le sentit avec son cœur de prêtre : doué d'une santé robuste, d'un zèle dévorant, se rappelant qu'un grain de foi peut soulever les montagnes, il se met en route, prêche, quête, demande, supplie; souvent la porte du riche lui est fermée ; souvent les yeux pleins de larmes, et le cœur débordant de bonheur et de reconnaissance, il voit sortir de la main du pauvre l'obole, quelquefois considérable, fruit des sueurs et des privations de ce chrétien généreux et dévoué. Il parcourt la France; il va en Prusse, en Autriche, en Bavière, en Angleterre, en Espagne : et c'est de Paris, de Londres, de Munich, de Berlin, de Madrid et de Vienne qu'il envoie à Lunéville, aux constructeurs de sa chère paroisse, l'argent nécessaire pour commencer, continuer, compléter enfin cette église vraiment universelle.

Aussi pouvons-nous nous figurer, sans cependant la ressentir, la joie qui va inonder le cœur du bon curé, quand, jeudi prochain, la main du premier pasteur du diocèse répandra la bénédiction religieuse sur ces murs si laborieusement enfantés, et dont chaque pierre répond à une prière, à une fatigue, à un voyage, à un refus, à une bonne œuvre, à la générosité d'un bon cœur.

Tous ceux-là participeront à cette joie, qui, de quelque manière, auront aidé le pasteur à bâtir son église, les fonctionnaires publics, qui ont aplani les difficultés, ouvert les sources du Trésor, les âmes pieuses et charitables, qui, par de faibles dons ou des offrandes plus considérables, ou même simplement par leurs encouragements et par leurs prières, ont contribué à l'édification de cette église, et combien ardentes ne monteront pas pour eux tous, vers le ciel, les supplications du pasteur, quand il verra le sang de Jésus-Christ coulant pour la première fois sur cet autel, qu'il vient d'élever à la gloire de Dieu et au salut de ses brebis.

L'exécution de l'église Saint-Maur fut confiée, sous l'inspiration du ministère, à M. Aymar Verdier, jeune architecte déjà connu par des constructions importantes, mais surtout par son bel ouvrage sur l'architecture civile et domestique au moyen-âge. C'est un esprit hardi, mais sûr de lui-même, original, mais ferme et positif.

M. Verdier paraît avoir choisi pour son église le style général du dixième au onzième siècle, tout en s'en écartant pour certaines dispositions qui ne sont cependant pas sans exemples et qui donnent surtout à l'intérieur du monument un caractère original et tranché que nous ne jugeons pas ici, mais qui le distingue de ce qu'on entend ordinairement par architecture romane et même byzantine. Ce que nous allons en dire fera suffisamment voir en quoi il se rapproche et en quoi il s'éloigne du type généralement adopté et connu pendant les siècles qui précédèrent l'ogive.

Une seule porte donne entrée dans la grande nef. Le mur

de façade dans lequel elle est percée, n'a pour saillie que deux simples contreforts à la hauteur des petites nefs : il est bien encadré par ses bordures de pierre de taille qui le profilent hardiment et lui donnent beaucoup de fermeté et d'ampleur. Au dessus de la porte, s'étale une rosace à lobes arrondis accompagnée de deux autres plus petites dont chacune éclaire la partie supérieure des bas-côtés, et qui forment avec la rosace principale, la porte d'entrée, les contreforts et ces profils de pierre de taille, la seule décoration de cette façade simple, mais suffisamment ornée.

Au pignon s'accroche et comme s'agrafe une tour carrée percée sur chacune de ses faces d'une haute fenêtre géminée, ce qui la rend presqu'entièrement à jour. Elle est surmontée d'une flèche légère à huit pans, flanquée aux quatre angles de la tour d'autant de délicats clochetons, du milieu desquels elle s'élance légère et pleine de grâce, supportant et élevant dans les airs le globe doré et la croix qui la terminent.

Si l'on tourne vers l'extérieur des bas-côtés, l'œil aperçoit une série de petits pignons se faisant suite, terminant autant de murs droits, séparés les uns des autres par des contreforts en saillie et percés chacun d'une fenêtre à plein cintre surmontée d'une rose sans meneaux ; ces ouvertures éclairent en même temps la nef et les bas-côtés : car la grande nef n'a pas de fenestrage, et ce sont les bas-côtés qui avec les trois fenêtres du chœur et les trois rosaces de la façade donnent du jour à toute l'église. A chacun des pignons aigus correspond une toiture à deux pans, qui se relie à la grande toiture, laquelle vient mourir à ce point et se confondre avec cette suite de petites toitures à double pente, mais d'une manière invisible à l'œil du spectateur placé en bas, cachée qu'elle est en ce point par les pignons débordants.

A l'extrémité des bas-côtés qui se terminent carrément et forment ainsi de chaque côté un angle rentrant à l'origine du chœur, se déroule l'abside semi-circulaire percée de trois

fenêtres géminées dont chacune est surmontée d'une rose
analogue à celles des petites nefs, mais de moindre dimen-
sion ; et tout à fait en ligne droite derrière le chœur se trouve
la sacristie qui en est séparée par un couloir avec porte
de dégagement et de service. Un avantage précieux pour
cette église, c'est qu'indépendamment d'une cour fermée
d'une grille et plantée d'arbres, qui lui sert comme de vesti-
bule, elle a son pourtour entièrement dégagé de toute construction, et que plus tard on pourra circuler tout autour
sur un terrain suffisamment large et entièrement clos de
murs.

Quand on pénètre dans l'intérieur du monument, on est
frappé de son aspect grave, sévère, religieux. De chaque côté
six colonnes monocylindriques formant avec deux piliers
semi-engagés dans la muraille sept travées, ou plutôt sept
très-hautes arcades séparent la grande d'avec les petites nefs.
Sur le chapiteau largement sculpté de chacun de ces fûts se
dresse un ensemble de quatre colonnettes accouplées en forme
de croix, ayant aussi chacune son chapiteau différent et cou-
vert de la plus riche ornementation de rinceaux, de feuillages
et de dessins de toute sorte. Ces chapiteaux supportent la re-
tombée de larges arcades en plein cintre et riches de pierre
de taille, qui s'étendent ainsi jusqu'à la naissance du chœur
semi-circulaire. Pardessus le tout et se prolongeant aussi au
pourtour de l'abside, règne une corniche en pierre formée
par quelques moulures et entrecoupée de distance en distance
dans la nef par des modillons également en pierre qui supportent les nervures de bois de la voûte principale. Cette
voûte, qui va d'un seul jet d'un bout à l'autre de l'église pour
se terminer au-dessus de l'abside en forme de cul-de-four,
suivant le genre des anciennes basiliques, est au-dessus de la
nef en forme de berceau : on lui a laissé sauf les nervures
principales et les demi-cercles qui en forment comme la car-
casse et qui ont reçu un genre de décoration particulier, la

couleur naturelle du bois : mais le cul-de-four de l'abside est peint en bleu, avec rayons et étoiles d'or. La toiture des bas-côtés suit la forme indiquée à l'extérieur par cette série de petits pignons aigus dont nous avons parlé : on a laissé aussi au bois de cette partie sa couleur naturelle.

Quand on est revenu de l'étonnement causé d'abord par ces formes auxquelles notre œil n'est pas fait, le regard se repose avec bonheur sur le maître-autel (1), petit bijou émaillé, sculpté, doré tout à fait dans le goût de l'époque byzantine. La table en est surmontée d'un haut gradin, d'un tabernacle et d'une exposition rappelant la forme des anciens *ciborium* : le tout est dominé par une statuette d'ange défendant de son glaive la *Réserve eucharistique* et repoussant de son bouclier les attaques de l'irréligion et de l'incrédulité.

Les ouvertures de la nef sont garnies de verre blanc avec simples bordures : les rosaces de la façade ont reçu des grisailles à couleurs sortant des ateliers de M. Didron : les vitraux à personnages qui garnissent les fenêtres du chœur ne sont que provisoires et doivent être bientôt remplacés par d'autres sortant également des ateliers classiques et célèbres du directeur des annales archéologiques : c'est dire qu'on ne peut rien désirer de mieux.

Qu'on se figure maintenant par l'imagination ce qui manque encore au monument pour être complet : les deux autels latéraux qui seront dans le même goût que celui déjà posé ; les fresques qui doivent leur servir de retable sur les murs droits qui ferment les bas-côtés ; la décoration polychrôme de l'abside, les boisures qui en garniront l'enceinte, les stalles avec pinacles en avant de l'autel, la chaire à double rampe, les balustrades en fer forgé que l'on confectionne en ce moment, les lustres, lampe dans le style de l'église et tout le matériel accessoire dont une grande partie garnit déjà les armoires de

(1) Il revient posé à **7, 000** fr.

la sacristie et pour lequel on tâche de se rapprocher le plus possible du genre de l'époque, et l'on aura une idée de cette église pour laquelle a déjà été dépensée une somme de 200,000 francs (1).

Disons en terminant que pour ne pas être au-dessous des progrès du siècle et pour réchauffer le corps de ses fidèles, en même temps que ses chaudes paroles réchaufferaient leur âme, M. Trouillet a voulu que fût établi sous son église un calorifère comme dans les premières églises de la capitale.

Maintenant que nous avons fait, non la monographie ni la critique du monument, mais que nous en avons donné une description sommaire et incomplète, nous engageons les visiteurs, artistes, curieux, amis de l'architecture, à venir réparer nos fautes, suppléer à notre insuffisance, relever nos inexactitudes, s'assurer par eux-mêmes de l'état des lieux et de la douce chaleur qui y règne en tout temps; qu'ils viennent admirer cette jolie flèche, l'aspect harmonieux et recueilli du chœur, son autel, véritable joyau, les sculptures variées et si belles de ses 70 chapiteaux intérieurs; qu'ils se laissent attirer par le son de ses trois cloches toutes neuves, fondues peut-être avec les sous que nous avons maniés, et dont la plus grande s'honore de porter écrit sur ses flancs le nom de l'Impératrice; qu'ils viennent désirer avec nous cet orgue dont la place est faite et qui, nous n'en doutons pas, fera bientôt entendre ses sons moelleux sous ces voûtes de bois qui devront être si sonores; qu'ils viennent, en un mot, assister à la naissance spirituelle de cette église, et que la cérémonie faite, ils aillent, l'âme émue et le sourire de la félicitation sur les lèvres, serrer fraternellement la main du nouveau curé qui laissera désormais son nom taillé dans la pierre, comme il est déjà gravé dans les cœurs.

(1) Sauf 20,000 fr. donnés par le gouvernement, tout le reste est le produit des dons particuliers des fidèles.

ARTICLE EXTRAIT DU MÊME JOURNAL, NUMÉRO DU 29
NOVEMBRE 1854.

On nous écrit de Lunéville :

La bénédiction de l'église Saint-Maur a été faite avec une
grande pompe jeudi dernier. Toutes les autorités civiles et
militaires ont assisté à la cérémonie. Les principaux fonctionnaires occupaient un banc d'honneur décoré des armes impé-
riales. M. l'abbé Delalle, vicaire général, a prononcé un discours qui a été très-goûté et pour le fond et pour la forme,
et qui a produit une vive impression sur l'auditoire nombreux
et brillant.

Tout s'est passé dans un recueillement parfait et la cérémonie s'est terminée par une allocution de Mgr l'évêque, dont
les conseils pleins de sagesse ont été entendus avec docilité et
respect.

Il est à regretter qu'on n'ait pas recueilli cette improvisation
si cordiale et si gracieuse dans laquelle le vénérable prélat,
après avoir vivement félicité M. l'abbé Trouillet de ses efforts
et de ses succès, qui prouvent une fois de plus que le mot
impossible n'est ni *français* ni *chrétien*, s'est attaché à faire
comprendre à son brillant auditoire que chaque fidèle est
un temple spirituel dont la construction se fait sur la terre, et
dont la dédicace se fera dans le ciel. En donnant à cette pensée les plus heureux développements, Monseigneur lui a com-
muniqué aussi les mouvements de cette éloquence véritable
qui sort du cœur et qui va au cœur.

Par les ordres du général Goyon, aide-de-camp de l'Empereur, un peloton de troupes, commandé par un officier,
s'était rendu à la cérémonie, pendant laquelle la musique
n'exécuta que des airs en rapport avec la sainteté du lieu. Le
général assista lui-même à la solennité, suivi de tout son

état-major en grande tenue et d'une députation de chaque corps.

Tout le monde, à Lunéville, a été heureux de cette belle journée. Monseigneur a remis à **M.** l'abbé Trouillet le camail de chanoine honoraire de sa Cathédrale. Chacun a applaudi à cet acte de bonne justice, bien dû au zèle ardent et aux efforts surhumains de **M.** le curé de Saint-Maur, pour mener à bien sa grande et belle entreprise.

SERMON

DE M. L'ABBÉ DELALLE.

*Lætatus sum in his quæ dicta sunt mihi :
in domum Domini ibimus.*

Je me suis réjoui lorsqu'il m'a été dit :
nous irons dans la maison du Seigneur.

(Ps. 121, v. 1.)

MONSEIGNEUR,

MES FRÈRES,

A la vue d'une assemblée si nombreuse et si imposante, il est facile de comprendre qu'un grand acte s'accomplit aujourd'hui dans cette ville et dans cette enceinte. Attendue avec une légitime impatience, l'inauguration de l'église Saint-Maur est le sujet d'une joie bien douce pour tous ceux qui ont à cœur les intérêts de la religion et de l'humanité.

A vous d'abord, Monseigneur, cette pure et sainte joie, à vous qui pouvez aujourd'hui accomplir un de vos vœux les plus chers, celui d'ouvrir au milieu d'une population nombreuse un sanctuaire et une paroisse où elle puisse venir facilement chercher les enseignements et les consolations du ciel. Pontife du Très-Haut, votre bonheur est de voir son règne se dilater et s'affermir sur la terre. Tendre père de vos diocésains, votre bonheur est de voir ces enfants bien-aimés largement dotés et enrichis des trésors de la grâce qu'ils viendront puiser dans cet asile sacré de la prière, de l'expiation et de l'espérance.

Vous avez bien aussi le droit de dire : Je me suis réjoui : *Lœtatus sum*, prêtre courageux et infatigable qui, ayant pour toutes ressources votre zèle, avec le bâton du voyageur et la bénédiction de votre Evêque, avez entrepris et mené à bonne fin cette construction dont la beauté charme les yeux des hommes de l'art et le cœur de l'humble fidèle. Sans doute, la gloire du Maître souverain et l'espoir de la récompense céleste ont été le grand mobile de votre entreprise ; mais en ce jour, où il vous est donné de contempler le résultat de vos travaux, et d'accomplir la promesse que vous aviez faite en face de Dieu et de vos concitoyens, vous recevez comme un à-compte de cette récompense, et il se passe dans votre âme des choses que vous seul pourriez exprimer. *Lœtatus sum*.

Et vous, hommes distingués, qui formez l'élite de cet auditoire, vous que nous saluons comme les dignes représentants de la puissance publique dans ses différentes hiérarchies : magistrature, armée, administration, ne prenez-vous point aussi votre part de cette allégresse ? Ah ! je n'ai pas besoin d'attendre votre réponse. Il me suffit de vous contempler du haut de cette chaire. Il me suffit de savoir que vos intelligences élevées s'associent merveilleusement aux pensées de la religion, et que vos cœurs sympathisent avec l'intérêt des populations dont vous êtes les chefs et les pères dans l'ordre social.

Et vous, peuple fidèle, qui remplissez cette enceinte, et qui acquérez le droit d'y entrer désormais, parce qu'elle est dédiée au Père céleste dont vous êtes les enfants, quelle n'est pas votre satisfaction et votre joie ! Lunéville, déjà si remarquable par sa vaste et belle église de Saint-Jacques, par son château princier, par ses hospices, par ses grands établissements militaires, auxquels vous devez l'avantage de posséder dans vos murs un illustre général, si digne de représenter le Chef de l'Etat à la tête de cette phalange de braves en qui se personnifie l'honneur du drapeau français, Lunéville acquiert un nouveau monument, destiné, non pas seulement à l'embellir, mais à mettre le culte catholique à la portée d'une partie considérable de ses habitants, qui étaient, pour ainsi dire, des membres deshérités de la grande famille. Voilà ce qui donne à cette cérémonie le caractère d'un événement éminemment populaire, et produit dans chacun de nous les sentiments exprimés par le roi prophète : *Lœtatus sum*, etc.

Mais, mes Frères, si nous voulons nous édifier complètement sur la portée de cette auguste cérémonie et de la manifestation à laquelle elle a donné lieu, il faut nous élever à des considérations générales, et nous demander à nous-mêmes : Qu'est-ce qu'une église ?

La réponse à cette question sera l'objet de l'étude à laquelle nous allons nous livrer, et cette réponse fera ressortir ce qu'il y a de juste et de bien fondé dans l'intérêt si vif et l'allégresse si unanime que nous éprouvons pour l'inauguration d'un tel édifice.

Le siècle précédent a fini, en France, par fermer et par abattre les églises. Ceux qui régnaient alors étaient les exécuteurs testamentaires d'une école anti-chrétienne qu'on avait vue éclore dans les boues de la Régence, et se développer, comme une plante vénimeuse, dans l'atmosphère méphitique du règne de Louis XV.

Or, après cinquante ans révolus, nous voyons partout se déployer une ardeur extrême pour construire, réparer, agrandir, embellir les églises. C'est là, mes Frères, un des nombreux contrastes que nous offre cette époque, si féconde en événements contradictoires. Le temps n'est plus où c'était la mode d'afficher le mépris et la haine pour les croyances et les pratiques du culte de nos pères, afin de se donner le facile renom d'esprit fort. La nation française, confiante et légère, peut être facilement séduite ; mais elle est trop intelligente et trop loyale, pour rester dupe de l'erreur ou complice de l'imposture. C'est pourquoi, le règne de la secte impie ne pouvait durer, malgré le prestige qui s'attachait au nom de son principal coryphée, et malgré les efforts d'une foule de gens d'esprit pour enchaîner à jamais le bon sens national. Le travail matériel dont j'ai parlé est le symptôme révélateur de celui qui s'opère dans les âmes. Chez les uns, ce travail aboutit à la foi catholique dans toute la force de ses convictions, et dans toute l'activité de ses œuvres. Chez les autres, il bat en brèche par les armes de la science contemporaine, les boulevards qu'une incrédulité ignorante et menteuse avait élevés autour d'elle pour se rendre inexpugnable. Dans tous, grands et petits, savants et ignorants, ce travail de réaction intellectuelle et religieuse aboutit à considérer la foi chrétienne comme le premier besoin de la société humaine, à l'admirer dans son histoire, dans ses monuments, dans son sacerdoce, et dans les innombrables institutions religieuses qui, par son inspiration, continuent, sous tous les climats, l'immense croisade entreprise par les douze apôtres pour la rénovation du monde. De sorte que ceux-là mêmes qui ne sont point encore parvenus à considérer l'idée religieuse dans ses rapports avec la vie future, ne peuvent s'empêcher de reconnaître et de proclamer qu'elle est au moins d'une indispensable nécessité pour la vie présente. Ainsi, les convictions de la sagesse moderne, justifiées par tant d'expériences nouvelles, se trouvent en accord parfait avec celles de la sagesse antique, s'écriant par l'organe de l'un de ses plus illustres disciples (1) : « On bâtirait plutôt une ville sans fondations, qu'on ne constituerait un peuple sans Dieu. »

(1) Plutarque.

Après ces considérations, consolantes pour le présent, et pleines d'espoir pour l'avenir, si nous reprenons la question posée tout à l'heure : Qu'est-ce qu'une église ? nous pouvons d'abord répondre : C'est la représentation matérielle et publique de l'idée la plus haute, la plus salutaire, la plus indispensable, l'idée de Dieu. Nous pouvons ajouter : C'est la satisfaction donnée aux tendances les plus impérieuses de l'homme et de la société.

Mais, pour jeter plus de lumière sur cet objet si important, considérons l'Eglise au point de vue purement humain ou temporel, après quoi nous la considérerons au point de vue chrétien. De cette manière, nous nous adresserons successivement, et à ceux dont les pensées n'ont point encore pris le chemin du ciel, et à ceux qui, portés sur les ailes de la foi, planent déjà au-dessus de la terre.

PREMIÈRE PARTIE.

Considérée au point de vue humain, temporel ou social, l'église est par excellence la maison du peuple.

Avant d'aller plus loin, permettez-moi, mes Frères, d'examiner avec vous ce qu'il faut entendre par ce mot *peuple*, dont on a tellement usé et abusé dans les temps modernes, qu'il est presque impossible de l'employer sans explication préalable.

Sous l'empire du paganisme, la société se partageait en deux catégories, celle des hommes libres et celle des esclaves. Actuellement encore chez les Hindous, la nation est divisée en castes diverses, dont la dernière est celle des *parias*. Mais sous l'empire de la religion chrétienne il ne saurait en être ainsi, parce qu'elle nous apprend que nous sommes tous frères par l'unité de notre origine et par le bienfait de notre rédemption. Elle nous apprend aussi qu'une société ressemble à un corps organisé, dont chaque membre occupe la place et exerce la fonction qui lui est propre, sans qu'ils se méprisent et se jalousent mutuellement. Image bien belle et bien touchante de la variété et de l'unité compacte qui doivent régner au sein du corps social, avec cette différence que dans les sociétés chrétiennes il se fait sans cesse un mouvement d'ascension régulière des classes inférieures vers des rangs plus élevés. Ainsi, la distinction des positions et des emplois, jointe à la possibilité de passer d'un rang dans un autre, telle est la constitution chrétienne de l'ordre social. Dans le corps humain, si la tête a besoin des pieds, que feraient, à leur tour, les pieds sans la tête? Dans un édifice, les fondations sont indispensables; mais que seraient les fondations sans les murailles, les colonnes, et le faite qui protège le tout? Vouloir sortir de ces conditions, c'est tenter l'impossible; c'est faire d'une nation auparavant civilisée et prospère, une horde de niveleurs barbares, qui serait le lendemain une horde de mendiants.

D'après cela, mes Frères, il me paraît que pour bien définir le peuple, on doit dire que c'est tout le monde, exécutant, chacun de son côté, la fonction qui lui est dévolue, et se prêtant un mutuel appui pour le maintien et la prospérité de la patrie commune. Ainsi, dire que l'église est la maison du peuple, c'est dire qu'elle est ouverte à tous, et que tous les rangs de la société sont conviés à venir se mêler aux pieds des saints autels.

Cherchez un autre lieu de réunion où tous les membres de la grande famille soient appelés à se rapprocher, à se respecter, à se pénétrer mutuellement, à resserrer si efficacement les liens de la fraternité humaine; vous n'en trouverez pas. Ici, mes Frères, ici, on sent la vie morale et sociale couler à grands flots. Sur le seuil de cette porte expirent la fierté et les mépris des uns, et l'animosité jalouse des autres. Le riche ne s'y glorifie pas de son opulence; le pauvre n'y rougit pas de sa misère. Les tempêtes suscitées par la discorde et par toutes les mauvaises passions ne viennent point s'engouffrer dans le sanctuaire, parce que la multitude des croyants qui s'y rendent n'a qu'un cœur et qu'une âme (1), et que les impressions qu'on y reçoit tendent à opérer dans l'ordre moral les plus heureuses transformations.

On raconte que Napoléon Ier, frappé de la majesté imposante d'une grande basilique où il était entré, dit à ceux qui l'environnaient : « Un athée serait ici mal à son aise. » Dans une certaine proportion, mes Frères, on peut en dire autant de toute église ; mais ce n'est pas seulement un athée qui s'y trouverait mal à son aise, s'il existait véritablement des athées ; c'est tout homme dont le cœur est corrompu ou ulcéré par la haine, dont la conscience est bourrelée par le remords, ou dont la vie est scandaleuse. Tant il est vrai qu'à défaut de voix humaine, les pierres mêmes du temple seraient douées d'une haute éloquence pour flétrir le vice et glorifier la vertu.

Mais ce n'est pas seulement l'église elle-même, avec ses pieuses décorations, ses emblèmes sacrés, ses cérémonies augustes, qui prêche énergiquement la fuite du mal et la pratique du bien. Il y a dans cette maison du peuple une tribune permanente, élevée pour faire entendre aux hommes les enseignements les plus indispensables soit dans l'ordre intellectuel, soit dans l'ordre moral, soit dans l'ordre social.

Ici, mes Frères, si je m'adressais à certaines personnes, comme on en trouve encore souvent dans le monde, personnes honnêtes et de bonne foi, mais en qui l'instruction chrétienne fait défaut, et qui n'acceptent pas la religion comme l'initiation de l'âme à la vie surnaturelle, je leur di-

____

(1) Multitudinis credentium erat cor unum et anima una. Act. Apost., IV, 52.

rais : Puisque vous faites abstraction de nos destinées immortelles, et que vous fermez les yeux sur le redoutable problème de la vie, dont le chrétien fidèle possède la solution : puisque vous ne voyez rien de plus parfait dans l'ordre moral que l'intelligence naturelle, la vertu naturelle, la sociabilité naturelle, je reste avec vous, pour le moment, dans cette région, et parlant un langage tout humain à cause de votre infirmité (1), je soutiens qu'à ce point de vue, tout imparfait qu'il soit, vous devez encore admirer et aimer nos églises, parce que là se trouve la véritable école du peuple, école incomparable dans son objet, dans sa base et dans son étendue.

Je dis incomparable dans son objet. En effet, là se donnent, comme je l'ai énoncé tout à l'heure, les enseignements les plus hauts dans l'ordre intellectuel, dans l'ordre moral et dans l'ordre social. Si cette proposition avait besoin de preuves, je n'exposerais pas en détail les vérités de notre Symbole, et les préceptes de l'antique Décalogue, renouvelés et perfectionnés par l'enseignement évangélique ; car ce travail excéderait les bornes d'un discours. Mais je me contenterais de dire : Il y a dix-huit cent cinquante-quatre ans, un grand prophète a paru en Judée. Ce prophète, que nous reconnaissons pour un Homme-Dieu, a parcouru les villes et les bourgades, prêchant une doctrine qu'il appelait la bonne nouvelle, transportant d'admiration la multitude qui se précipitait sur ses pas, et l'enivrant tellement de ses discours que de toutes parts on s'écriait : Jamais homme n'a parlé ainsi : un grand prophète s'est élevé, et Dieu a visité son peuple : heureuses les entrailles qui vous ont porté et les mamelles qui vous ont allaité !

Tel est le fondateur de notre école, personnage fastique, dont la grande figure domine les destinées du monde, adoré

____

(1) Humanum dico propter infirmitatem carnis vestræ. Rom. VI, 19.

par les monarques et par les peuples, admiré et aimé par
les sages et les savants, comme par les ignorants et les
humbles de cœur, phénomène unique dans l'humanité, et
dont le philosophe de Genève n'a pu s'empêcher de dire :
« Si la vie et la mort de Socrate sont d'un sage, la vie et la
mort de Jésus sont d'un Dieu! »

Or, ces merveilleux enseignements, écrits, avec l'histoire
de sa vie, par ses apôtres, et prêchés dans tout l'univers,
ont transformé le monde antique qui périssait étouffé dans
la fange, sous le poids de ses superstitions païennes, de son
esclavage, de sa philosophie et de ses débauches. Ces enseignements forment le corps de l'Évangile, qui, joint aux
écrits inspirés de l'Ancien Testament, est devenu le livre par
excellence, où les générations puisent, comme à une source
intarissable, la connaissance et l'amour de Dieu, la connaissance et l'amour de l'homme, les lois constitutives
de la famille et de la société. De là découle cette
vaste et forte législation qui règle l'homme, soit par rapport à lui-même, soit par rapport à ses semblables, supé-
rieurs, égaux, inférieurs ; qui constitue la puissance publique sans tyrannie, et conserve la liberté sans anarchie ; qui
ordonne au riche de donner, mais défend au pauvre de
prendre, et maintient ainsi l'équilibre entre toutes les classes
sociales par le double principe de la bienfaisance et de la
propriété ; qui, par l'unité et l'indissolubilité du lien conju-
gal, fixe la famille sur une base inébranlable, et fait de la
femme la noble compagne de l'homme, tandis que chez
tous les peuples privés des lumières de l'Évangile, elle ne
fut jamais que son esclave. Préceptes si élevés qu'ils arrê-
tent le mal même dans sa source, en proscrivant jusqu'au
désir et à la pensée du crime. Enseignements si parfaits, que
leurs ennemis les plus ardents n'ont trouvé rien de plus fort
à leur objecter que cette perfection même, qui les rend,
selon eux, impraticables à la faiblesse humaine.

N'est-il pas vrai, mes Frères, que quiconque a l'esprit éclairé et le cœur droit, quiconque aime sincèrement le règne de la justice et des lois, quiconque abhorre la débauche et tous les vices dégradants qui recrutent chaque jour de si nombreuses victimes pour le paupérisme et pour les cours d'assises, doit admirer et chérir un tel code de morale, sans lequel toutes les législations seraient impuissantes? Et n'est-ce pas à bon droit que nous appelons maison du peuple cet édifice sacré, cette église, où toutes les classes de la société trouvent un enseignement si élevé dans son objet?

Et maintenant, mes Frères, quelle est la base de cet enseignement? C'est ici encore que se montre la supériorité de l'école publique établie dans l'Eglise. Ce n'est point sur des conjectures, sur des raisonnements subtiles et souvent inintelligibles qu'elle s'appuie, à la manière des dissertations philosophiques et académiques. Si, dans l'ordre scientifique, la raison humaine a fait d'admirables découvertes, nous devons dire que dans l'ordre de la religion et de la morale, elle a toujours plutôt détruit qu'elle n'a édifié. Qu'ils sont petits et faibles les discoureurs élégants qui, abstraction faite de l'autorité religieuse, se donnent la mission d'éclairer et de moraliser leurs semblables ! Si vous me permettiez une expression vulgaire, je dirais que leur science et leurs raisonnements *sonnent le creux.* Voulez-vous sérieusement améliorer les hommes? voulez-vous diminuer le nombre des délits et des crimes, qui encombrent les tribunaux, et qui effraient la justice? voulez-vous raffermir sur ses fondements la société ébranlée par tant de secousses, et arrêter cette décadence morale dont les esprits éclairés gémissent et se déconcertent? Ouvrez des églises aux populations, et faites en sorte qu'elles en prennent le chemin, au lieu de les pousser dans les maisons de jeu et de débauche, ou d'exercer sur elles la tyrannie du travail en leur ravissant le repos du saint jour qui doit être employé à la culture de l'âme. C'est là que tant d'intelligences égarées trouveront une autorité salutaire chargée de leur montrer le chemin de la vertu, de la paix et du bonheur. Oui, l'autorité seule de la chaire évangélique fournit une base inébranlable et une règle certaine aux convictions fortes qui inspirent les mâles vertus du chrétien, et qui peuvent faire du plus petit d'entre nos frères un véritable héros.

Assis sur les ruines dont il a jonché la terre, le rationalisme ne cesse de murmurer à l'oreille des peuples ses spéculations vaines et ses maximes désastreuses qui ont sapé les principes les plus sacrés de la religion, de la morale et de la société. S'il lui était donné de prévaloir, et d'empêcher que les croyances ne se rétablissent, tout s'abimerait dans un cataclysme universel. Si donc l'ordre social doit se raffermir après les convulsions du passé, et échapper aux dangers de l'avenir, il faut que le rationalisme, tant celui qui se manifeste publiquement, que celui qui travaille dans l'ombre, soit enfin détrôné, et que l'enseignement donné dans l'église au nom de l'autorité divine fasse de nouveau succéder le règne de la foi à l'anarchie des opinions. O vous qui avez à cœur le vrai progrès de l'humanité et le salut du monde, mais qui avez cru que de savantes arguties pourraient fonder un ordre moral indépendant de cette autorité tutélaire qui tient école dans nos églises, souffrez que nous vous disions comme saint Remy disait à Clovis : « Adorez ce que vous avez brûlé, et brûlez ce que vous avez adoré. » Ce langage s'adresse à ceux qui, se flattant de trouver en eux-mêmes, dans les ressources d'une éducation plus soignée ou dans les systèmes de la philosophie, des principes de création humaine, se sont, comme dit saint Paul, évanouis dans leurs pensées. Quel que soit leur rang, nous avons le droit de leur dire qu'ils ont fait fausse route, car la haute école de nos églises ne fait acception de personne, et dans cette maison du peuple toutes les conditions sociales se courbent sous le même niveau de l'autorité qui répète sur la terre les oracles du Ciel.

Ainsi cet enseignement, incomparable dans son objet et dans sa base, ne l'est pas moins dans son étendue. Et certes, il ne saurait en être autrement, car la religion et la morale ne sont pas autres pour les grands que pour les petits, pour les monarques que pour les sujets, pour les savants que pour les ignorants ; tous nous avons besoin qu'on nous enseigne ou qu'on nous rappelle nos devoirs, et si l'école publique de l'église peut suppléer sur ce point toutes les écoles humaines, aucune école humaine ne peut la remplacer.

J'ai tâché, mes Frères, de vous montrer comment l'église est la maison du peuple. Maintenant, élevons-nous plus haut, *ad perfectiora feramur*, et contemplons-la comme la maison de Dieu. Ici de nouveaux horizons se découvrent à nos regards.

DEUXIÈME PARTIE.

L'apôtre saint Paul, parlant aux chrétiens, dit ces paroles mémorables : Si nos espérances sont bornées à cette vie, nous sommes les plus malheureux de tous les hommes (1). En effet, plus la loi du Christ est parfaite, plus elle exige d'abnégation de la part de ses disciples. Or, cette abnégation ne peut se soutenir que par la foi vive aux promesses d'une vie éternelle. Hors de là, nous ne sommes plus que des êtres d'un jour, dont l'existence n'a pas d'autre but sérieux que de jouir à tout prix, même par le crime, des biens et des plaisirs de ce monde. A ce point de vue, la plus haute philosophie est celle de l'utile et du confortable ; la plus haute folie est celle de la vertu malheureuse.

(1) Si in hac vita tantum sperantes sumus, miserabiliores sumus omnibus hominibus. 1. Cor. XV, 19.

Ainsi, mes Frères, la grande question de notre fin dernière vient se poser sur le seuil même de la vie, et plane
sur toute la suite de notre existence.

Cette question, la foi chrétienne la résout en cinq mots :
JE CROIS LA VIE ÉTERNELLE. Mots sublimes que nous avons
appris à répéter entre les bras de nos mères, heureux ceux
qui ne vous oublient jamais !

La religion doit donc être envisagée et acceptée comme
l'initiation à un monde surnaturel, où Dieu est le rendez-
vous invisible des âmes après les épreuves de la vie présente,
et comme le moyen de communication entre la terre et le
ciel. C'est pourquoi l'église est la maison de Dieu, dans ce
sens qu'elle est le rendez-vous visible assigné à nos âmes
pour entrer en société avec lui, et recevoir les influences
surnaturelles de sa grâce. C'est une tente dressée ici bas, pour
servir aux entrevues du monarque de la terre, qui est
l'homme, avec le monarque du ciel, qui est Dieu. *Ecce taber-
naculum Dei cum hominibus, et habitabit cum eis* (1) Aussi,
le patriarche Jacob a-t-il joint tellement dans sa pensée la
maison visible de Dieu avec son habitation invisible et éternelle, qu'il a désigné la première comme la porte par laquelle on pénètre dans la seconde : *Domus Dei et Porta
Cœli* (2).

Considérées à ce point de vue, nos églises sont les
sanctuaires où Dieu reçoit particulièrement les aspirations
de notre cœur, qui se traduisent en actes extérieurs, publics et solennels. L'ensemble de ces actes ou de ces
manifestations, inspirés par la croyance à un monde surnaturel dont Dieu est le principe et la fin, constitue le phénomène le plus élevé, le plus universel, le plus inhérent à la
nature humaine, le plus digne de fixer l'attention des sages.

(1) Apoc. XXI. 3.
(2) Gen. XXVIII. 17.

je veux dire, le phénomène du culte religieux. C'est une loi du monde moral, UNE VÉRITÉ, contre laquelle rien n'a jamais prévalu, contre laquelle rien ne prévaudra jamais.

Un de nos poètes français a dit avec raison :

> « Oui, je trouve partout des respects unanimes,
> Des temples, des autels, des prêtres, des victimes.
> Le ciel reçut toujours nos vœux et notre encens (1). »

L'humanité, si vous me permettez de le dire, a toujours eu faim et soif de Dieu. Sa route à travers les âges est semée d'innombrables monuments qui attestent sa foi énergique aux communications du Maître souverain avec sa plus noble créature, et le besoin immense, invincible, qu'elle éprouve de la vie surnaturelle.

Depuis l'ère chrétienne, mes Frères, cet instinct radical de la nature, en s'épurant, s'est dilaté encore davantage, et l'on a vu chez tous les peuples policés s'élever des myriades d'églises de toutes formes et de toutes grandeurs, depuis l'humble sanctuaire du village, avec son clocher qui résume tant de souvenirs et tant d'émotions, jusqu'à ces gigantesques basiliques des villes, qui semblent vouloir porter jusqu'au ciel le magnifique témoignage de notre dépendance.

Comme sanctuaire consacré à Dieu, devenu la maison de Dieu, l'église sert de point de réunion aux hommes pour l'adoration, l'expiation, la prière et l'action de grâces, fonctions diverses de notre âme, auxquelles on donne le nom de culte divin. C'est pourquoi Dieu lui-même a nommé son temple saint maison de prières : *Domus mea domus orationis est* (2). Ce serait donc mal comprendre l'église que de la considérer seulement comme la maison du peuple

(1) L. Racine. *Religion*, poème.
(2) Matth. XXI, 13.

et l'école publique des plus hautes et des plus salutaires vérités. Je dis plus, elle n'exerce cette influence merveilleuse de ses enseignements, dont j'ai parlé, qu'autant qu'elle est le sanctuaire de Dieu. Otez-lui ce caractère auguste, aussitôt elle perd son prestige, et se trouve réduite à l'impuissance d'une salle académique sur les destinées du monde. Ainsi, mes Frères, nous aurions beau nous débattre avec notre stérile raison contre l'élément surnaturel qui nous cerne et nous presse de toutes parts, si la foi ne vivifie pas ces formes sensibles, si nous venons à l'église en philosophes, et non en fidèles soumis, nous faisons violence à notre propre cœur, nous renions notre passé, celui de nos pères, de tout le peuple chrétien, de tout le genre humain, nous paralysons, autant qu'il est en nous, les principes vitaux de la morale publique, et, en abjurant les convictions traditionnelles du Christianisme, nous ne pouvons que nous affaisser sous le poids d'un incurable scepticisme, qui est la mort, ou pour mieux dire, l'enfer de la raison.

Si, au contraire, vous entrez dans l'église avec cette crainte respectueuse qu'on doit apporter au sanctuaire de Dieu : *Pavete ad sanctuarium meum, ego Dominus* (1); si vous acceptez la parole sacrée, non comme la parole de l'homme, mais comme celle de Dieu : *Non ut verbum hominum, sed, sicut est vere, verbum Dei* (2) ; vous trouverez ici la source de la véritable vie, de cette vie surnaturelle que Jésus-Christ est venu apporter au monde, et qui s'entretient par la foi, l'espérance et la charité. Le premier sanctuaire de ce divin Maître a été l'étable de Bethléem, où il naquit dans une crèche. Or, Bethléem signifie maison de pain ; qualification qui doit être donnée à tous les temples chrétiens, parce que là, en effet, se trouve le pain de nos

(1) Levit. XXVI. 2.
(2) I. Thess. II, 15.

àmes, là se trouve une source intarissable de vie qui jaillit jusqu'à l'éternité. Sans cette vie, vous pourriez être un honnête homme selon le monde, si votre intérêt et vos passions ne l'emportent pas sur vos fragiles motifs ; mais vous n'aurez ni les vertus, ni les espérances. ni les consolations du chrétien. C'est là, mes Frères, il faut le dire, ce qui a fait le malheur des temps modernes. L'antique foi de nos pères ayant été ruinée dans les âmes, à partir des hautes régions de la société, jusqu'aux plus basses, on a oublié le chemin de l'église, ou l'on n'y a plus paru qu'avec des pensées tout humaines, comme à une représentation théâtrale, et non avec la préparation du cœur que l'on doit apporter au grand devoir de l'adoration. Alors la vie païenne a coulé partout à pleins bords ; elle s'est manifestée sous toutes les formes, et s'est traduite par les actes désordonnés dont vous connaissez l'histoire. Jours néfastes, où Dieu avait disparu de ses sanctuaires, où le marteau du démolisseur frappait en cadence avec la hache du bourreau, puissiez-vous ne plus jamais revenir ! alors, mes Frères, les hommes vertueux du jour, les mandataires de la philosophie étaient satisfaits ; il n'y avait plus d'églises ouvertes aux croyants, ni aucune manifestation publique de l'ordre surnaturel. Non, mais, pour tout dire, ajoutons qu'il n'y avait plus de société. En faut-il davantage pour nous faire comprendre de quel côté se trouve la vie, de quel côté la mort? de quel côté la civilisation, de quel côté la barbarie? Certes, jamais on ne vit mieux s'accomplir ces paroles que Dieu prononçait autrefois par un prophète : O cieux! soyez dans l'étonnement ; mon peuple a fait deux maux, il m'a abandonné, moi, source d'eau vive, et il s'est creusé des citernes vides (1).

Voulez-vous donc conserver la vie de l'âme ou la récu-

____

(1) Jer. II, 13.

pérer? venez la puiser où elle se trouve, dans la maison de
Dieu. Venez y reposer ou raviver vos esprits fatigués ou
tués par le doute. Venez y reposer ou raviver vos cœurs
fatigués ou tués par des passions que vous n'avez pas su
contenir. Quand il faudrait pour cela vous condamner vous-
mêmes, ah! n'hésitez pas à le faire dans la maison de Dieu,
car cette maison, qui est une source de vie, est aussi un tribunal de justice, et en même temps un trône de miséricorde.

Je joins à dessein ces deux choses, parce que dans la
sphère des croyances chrétiennes, la justice et la miséricorde
sont deux astres qui marchent parallèlement et se donnent
un mutuel éclat.

La maison de Dieu est un tribunal de justice, parce qu'en
face d'un maître si saint, il est impossible que l'homme ne
se reconnaisse pas coupable, et n'avoue pas les dettes im-
menses qu'il a contractées. C'est un trône de miséricorde,
parce que le pécheur, dès qu'il reconnait ses fautes avec un
cœur contrit et humilié, dès qu'il brise son orgueil sur les
dalles du sanctuaire, se trouve pardonné, transformé, réha-
bilité. Si nous écoutions les rêveries de l'esprit humain, elles
nous persuaderaient que la bonté divine pardonne au coupable sans aucune expiation, ou que la justice divine punit
le coupable malgré son repentir et sa pénitence. Nous se-
rions ainsi placés entre deux abimes, le désespoir et l'impu-
nité. C'est l'Eglise qui nous donne la solution de ce terrible
problème, et ce n'est pas en vain qu'elle est appelée la porte
du ciel. Là, les fonts du baptème et le tribunal de la pénitence nous prêchent éloquemment la justice et le besoin
d'expiation; tandis que l'image auguste du Rédempteur en
croix et l'autel sacré, nous prêchent éloquemment la miséricorde. Oh! que cette doctrine, ces touchants emblèmes,
ces cérémonies augustes, ces ravissants cantiques de l'Eglise,
sont bien en harmonie avec les besoins intimes de notre
cœur! comme tout cet appareil du culte divin nous saisit,

nous oriente et nous transporte vers une région supérieure aux sens ! Là, nous sommes comme le voyageur parvenu sur une haute montagne, et qui contemple le soleil au-dessus de sa tête, tandis que d'épais nuages se déroulent et tourbillonnent à ses pieds.

Comment donc ne pas chérir cette maison de Dieu, qui est tout à la fois le sanctuaire du culte public, la source de la vie surnaturelle, le tribunal de la justice et le trône de la miséricorde? Vous qui parlez de propagation des lumières, de progrès, de moralisation, et qui néanmoins jetez un regard de dédain sur nos temples, vous êtes en contradiction avec vous-même. Là seulement se trouve ce que vous cherchez vainement ailleurs. Là, vous pourriez vous moraliser vous-même, et donner aux autres un exemple qui hâterait le progrès dont vous êtes les ardents promoteurs. C'est ce que comprend à merveille l'instinct des populations, qui partout s'empressent d'élever des temples au Très-Haut, et qui considèrent avec raison ces édifices comme les monuments les plus utiles et les plus glorieux d'une nation. Aussi, dans les crises sociales pendant lesquelles le sol de la patrie semble trembler sous nos pas, c'est dans nos églises que ces populations se pressent en foule, pour y trouver un champ d'asile au milieu de la discorde, pour y puiser de saintes inspirations, pour y ranimer leurs espérances, pour y respirer en paix du côté du ciel.

Venez donc dans cette belle église, devenue dès aujourd'hui la maison du peuple et la maison de Dieu. Venez-y, vous surtout, habitants de ce populeux faubourg, pour qui elle a été construite au prix de tant d'efforts et de courses pénibles, auxquels s'est dévoué votre courageux pasteur. Voulez-vous le récompenser de ses peines, de ses travaux et de ses sueurs? voulez-vous aussi réjouir le cœur paternel de votre évêque, qui n'a cessé de lui prêter son puissant appui et qui a toujours eu l'œil ouvert sur lui, comme un capitaine sur le soldat qui se bat courageusement ? voulez-vous trouver le secret d'être heureux vous-mêmes et d'attirer les bénédictions du ciel sur vos familles, en vous élevant à la pratique des vertus chrétiennes ? Venez dans cette église pour y prier, pour y écouter la parole de Dieu, pour y déposer le fardeau de vos péchés, pour y contempler le spectacle auguste de nos cérémonies saintes, et pour y resserrer les liens de cette fraternité universelle qui est l'un des plus beaux résultats de l'Evangile. Venez-y, riches, pour vous convaincre de la vanité des richesses, et apprendre à en faire un usage qui vous honore devant Dieu et devant les hommes. Venez-y, pauvres, pour apprendre à supporter la pauvreté, et à chercher dans un travail honnête vos moyens d'existence. Venez-y, jeunes gens, pour apprendre à bien vivre, et vous, vieillards, pour apprendre à bien mourir.

C'est ainsi que, par l'influence de ce temple saint, on verra s'établir et se consolider au milieu de vous le règne de Dieu, et que tout le reste vous sera donné en surcroît.

Mais comment pourrai-je finir ce discours sans adresser des actions de grâces à tant de bienfaiteurs qui ont concouru à l'œuvre si courageusement entreprise et si heureusement terminée ?

Actions de grâces, d'abord, au Père des lumières, de qui vient toute bonne pensée et tout don parfait. Sans lui, nous ne pouvons rien ; avec lui, nous pouvons tout (1).

Actions de grâces à l'homme éminent qui préside aux destinées de la France, et qui du haut de son trône porte des regards de bienveillance et d'amour sur tout ce qui est utile aux peuples. Par son concours personnel et par celui de son gouvernement, l'Empereur des Français, vous le

____

(1) Omnia possum in eo qui me confortat, Philip. IV, 13.

savez, a contribué puissamment au résultat que nous admirons aujourd'hui.

Actions de grâces à cette seconde Majesté, si digne de figurer la bonté à côté de la force, et de personnifier la charité venue du ciel pour régner sur les cœurs par la puissance de ses bienfaits.

Et vous, habitants de Lunéville, si bien représentés à cette fête par votre magistrature municipale, quel bienveillant concours vous avez prêté à cette grande entreprise ! si vous n'avez pas tout fait, la justice et la reconnaissance m'ordonnent de dire que vous avez fait tout ce que vous avez pu, et que, dans cette circonstance, vous êtes restés au niveau des traditions généreuses qui depuis si longtemps illustrent votre ville.

Actions de grâces aux personnages illustres, aux têtes couronnées, aux princes de ce monde, aux princes de l'Eglise, aux prêtres et aux humbles fidèles, qui ont bien voulu contribuer par leurs largesses à cette œuvre chrétienne et sociale. Nous ne les connaissons pas tous, mais nous saurons bien les atteindre par nos prières, et Dieu, qui les connaît, saura bien les atteindre par ses récompenses.

Ici, mes Frères, nous voyons se dérouler à nos yeux le grand spectacle de l'unité chrétienne, qui confond dans une seule pensée tous les habitants de la terre, comme elle doit confondre dans un même bonheur tous les citoyens du ciel.

Maintenant que j'ai accompli la tâche honorable de porter la parole dans cette circonstance solennelle, il ne me reste plus qu'à demander à Monseigneur de vouloir bien rendre efficaces mes faibles efforts par sa bénédiction épiscopale.

NANCY, IMP. DE VAGNER.

www.ingramcontent.com/pod-product-compliance
Lightning Source LLC
LaVergne TN
LVHW021646170726
843501LV00007B/2431